Christoph Klimke · Eine Partitur aus Fährten

Christoph Klimke

Eine Partitur aus Fährten

Gedichte

Mit einem Nachwort von
Steinunn Sigurðardóttir

Elfenbein

Erste Auflage 2024
© 2024 Elfenbein Verlag, Berlin
Alle Rechte vorbehalten
Druck und Bindung: Finidr, s.r.o.
Printed in Europe
ISBN 978 3 96160 093 9

1

DER OBDACHLOSE
MOND

EISWEISS die Dächer
tintig das Licht
weiß ich mich
mitten in der Stadt
Landunter träumen
wir weiter so
meint die Schadenfreude
nur kein Mut
die Probe
bleib wie ich bin
die Schneeschmelze
komm zu mir
der obdachlose Mond
wie war noch
dein Name, Geliebter
frage ich meinen Schatten
du bist
mein Einziger
lacht der Spiegel
und zeigt mir
getrost seinen
seltenen Vogel

Dieser Februar
ein einziges
Memento
kein Grün
durchschimmert
die Wipfel
unheimlich still
Sonntagsfrieden
nicht einmal
der Himmel weiß
von Bomberschwärmen
Ostwind treibt
Wolken luftige
Zugvögel aus dem
Unglück in
unser Erwachen
breaking news
ein Alptraum ungeträumt
wuchert maligne
inoperabel und
Berlin
wüsste warum

DIE Stadt schläft
ganz ruhig
über den Dächern
ein Lichtstrahl
im Sinkflug
Tegel verwaist
Start und Landung
Cafés und Boutiquen
kein Zwirn Duft nichts
zollfrei allein Verlustige
gelandet scheinbar
unversehrt
im Transit
gefangen suchen sie
Schutz campieren
im Verstummen
wartet kein Wunder
hält Wort
wissen wir
drehen uns
lieber noch
einmal um

IM Halbschlaf
unaufhörlich
prasselt der Regen
auf das Fenster
furchtlos weiß er
nichts vom Ende
als versiegte der letzte
Tropfen nie verdampft
der Asphalt die ganze
Stadt spurlos
fort jene Perlen
auf der Haut
den Lippen
die Luft trägt
seinen Geruch
in mein Zimmer
dröhnt der 29er
durch die Straße
gegenüber stürzen
papierne Flugzeuge
hinunter geheime
Wünsche vergraben
jetzt dein Herz

IM Frühlingslicht
hagelt es
Pechvögel
auf Berlins Straßen
schlittern über
glatte Trottoirs
ins Nirgendwohin
Schirme kämpfen
mit dem Wind
vergeblich
weiß ich
dich bei mir
ins Warme geduckt
nähren wir uns
sicher kämpft
die Sonne
mit unseren
vereisten Träumen

Glaub mir
Blitz und Donner
läuten den Herbst
ein Riss Lichtspalt
über uns oder
ist es Frühling
noch in Milch
getaucht bedarf
Berlin einer
Fata Morgana
glaub ich
ein Kakteenwald
Wasserschiffe
auf der Spree
häuten sich Schlangen
allerorten blüht
der Meteorologen Wüste
glaubst du lieber
diesem Gewitter
jeden Tropfen
aufs Wort

DIESEM Sommermorgen
fehlt nichts
am Grunewaldsee
unzählige Vierbeiner
jagen kämpfen lieben
Strand und Nass
federleicht waren
wir einmal
nahe Acapulco
tauchen beide
ganz jung
im Pazifischen Ozean
gigantisch die Wellen
brechen jede Gefahr
in Verzug unsere
Gefährten hecheln
die frühe Hitze
weg mit allen
Rivalen unser Vivarium
markieren Kolibris
Nektar Diamanten
irisierend die Stadt
unter Wasser
vollkommener
als sie an Land
gesunken jemals
war währt
ein Glück
das Wolkenspiel

UNTERWEGS
überschatten Wolkenbrüche
den Ostbahnhof
auf dem Vorplatz
ein Bus nach Himmelpfort
flüchtig ich
könnte umsteigen
zu einer anderen Reise
aus dem dunklen
Nass flackern
Blitze der Sonne
entgegen
ein Stein findet
in deine Hand
bleibt vertraut
drehen Sonnenblumen
ihren Kopf

JENES Märchen
schreibt die Obere
Freiarchenbrücke
Menschenleere ein Idyll
auf beiden Seiten
Wildwuchs wartet
auf früher
Schuten fest
gezurrt am
Landwehrkanal
unterwegs von
Kreuzberg nach Treptow
am Himmel längst
vogelfrei dein Antlitz
der Beton trennt
die Vertrauten nicht mehr
auf braunem Herbstlaub
Berliner Nomaden
heimgekommen
an die Schleuse
außer Betrieb
verirren sich
fabelhaft wenn
sie nicht gelebt
stirbt auch
kein Happyend

Aus dem Nachthimmel
blinzelt ein Zauberer
durchs Fenster
immer wieder
sendet er
Nachrichten von
Unbekannten, Gefahren
vielleicht bergen
Archäologen am Alex
seinen Sternenstaub
unbeirrbar blickt
der Fernsehturm
ins stumme Umland
kehren Wolken
zurück hinter
unseren Stein
träumen wir
ein anderes Leben

LETZTE Wärmestrahlen
im Görlitzer Park
modert das Laub
dümpeln Wünsche
im bunten Rinnsal
unvernünftig weiter
freut sich ein Schalk
die Augen geschlossen
dass alles Traum sei
spielt um sein Leben
aus Erinnerungen
an tropischen Regen
eben noch
versiegelt begradigt
doch im durstigen Sommer
wiegt eine
fünfte Jahreszeit
den Somnambulen
auf immer
in luftigen Schlaf

GESTERN noch
diese Stadt eine Stätte
aus Beton und
Stein nun
wundersam verschneit
Vermeldungen aus dem Vergessen
die Kleinen aufgereiht
schwarzweiß
das Lächeln der Alten
Karten und Kreuze
bezeugen Verluste
Namen und
Hölderlin *doch bannt*
und hält in heiligem Zauber
die Nacht mich immer
Unbekannte in Uniform
Feldpost ein Tagebuch
in Sütterlin Tannenbaum
Rituale Friedland
das Lager
ein Sommer an der
Riviera Briefe
aus Leuna Herne
zwei Jungen Arm
in Arm auf der Schaukel
von Kinderhand
gemalte Sonne
Mond und Sterne
ein blauer Luftballon
fliegt nach Tibet
Postkarten aus Katwijk

Kleve, Turku
Hunde am Ostseestrand
die erste Tour
durch Sizilien
Fotografien
häuslicher Gelage
die Doppelstadt von oben
der Todesstreifen
nachts im trüben Licht
Christos verhüllter Reichstag
das ganze Leben
in einem Nu
melden sich
die Geliebten
aus dem »Querelle«
Tiergarten und römischen
Monte Caprino
von ihren Gestirnen
stürzt Eis ins Tiefland
schmilzt das Ungeheure
noch morgen

HINTER den rostigen
S-Bahnbrücken
verstummt die Yorckstraße
alte Bäume atmen
tief aus dem
Berliner Urstromtal
führen Wege
Richtung Spree
die Vögel baden
lieber hier
in der gläsernen
Morgenluft St. Matthäus
erinnert all der jung
Verlorenen von Stern
zu Stern lernst du
wieder leben ihre Stimmen
bleib sieh nur
lachen Gesichte dich
an der Hand
ein Unsichtbarer
Wind weht fort
den Abschied teilt ihr
mit dem Besucher
schon verraten wir
unser Geheimnis
jeder Wolke
aus Stein

MIT der U-Bahn
auf der Suche nach
einem römischen Wolf
gegen Morgen nahe
dem Halt Numidio Quadrato
öffnen die ersten Bars
zwischen Hochhäusern
riecht es nach Café
Autos begrünten Balkons
in diesem Steinbruch
hältst du ein
Ficus am Straßenrand
zwei Papageien
beim Liebesspiel früh
lässt du
sicheres Terrain
zurückbleiben
die Nächte Ostia Antica
Neptun vielleicht wartet
unter den Wellen
auf mein
vergebenes Herz

2

DER CHRONOMETER
HERZ

Wo du auch bist
bin ich nicht
allein überwintern
nach Herzenslust wir
wecken Gerüche
andere Zeiten
zwei Kinder
an der Hand
die Mnemosyne
wo ich auch bin
bist du nicht
allein Zugvögel
werfen ihre stille
Post in die Luft
Wintersonnenwende
Gezeitenspiel
im Gepäck die Gestirne
wo ihr auch seid
ist niemand
allein die Unruhe
der Chronometer Herz
navigiert uns
durchs Fernweh
heimwärts
ins Freie

EINEM hölzernen
Bengel nicht
unähnlich
glaube ich
seiner Spürnase
jede Lebenslüge
schon wachsen
Palmen vorm Haus
äffen seltsame
Wesen durch meinen
Botanischen Garten
die Brandung kommt näher
und näher ein
Cherubim streckt
die letzten Zweifler
nieder ich immer
Pinocchios Nase nach
im Bauch des Fisches
geborgen will nie
wieder hinaus

BEWEGUNGSLOS
die Wipfel
flirrendes Licht
über den Feldern
Insektenschwärme
geheimnisvoll
ihre Choreographie
fliegende Schemen
gelbe Luft
Saharastaub fliegt
über das tote Gleis
in der Böschung
ein Fuchs sicher
nahm er sich nicht
das Leben rotnass
sein Fell zerhackt
die Augen sehen
blicklos uns
ähnlich niemanden
in die kühlen
Wälder fliehen

Am Sommerhimmel
ein Kondensstreifen
verfliegt in die Ferne
an Bord staunen
Ornithologen
über sich selbst
fasten your seat belt
der Sturm vor der Ruhe
kaum vorüber
schneit es Federn
aus grünem Glas

ENDLICH fortgeflogen
dieses Jahr kein
Glück gehabt auch
dieser Gefiederte
hängt kopfunter
am Strommast
flattern die Flügel
nirgendwohin

AUF weißen Kristallen
wie still das Meer
Kormorane putzen
ihr Gefieder seelenruhig
es war einmal
ein Bernsteinglück
aus Baumharz und Gold
dieser Morgen
das Hin und Her
der Wellen
Möwen schreien
den Winter fort
Trolle aus Eis
haben noch
Zeit für uns
zu bleiben

Einmal noch
Rotmilane Schreiadler
verlieren den Kampf
gegen unsere Windmühlen
gefährdet Don Quijote
Sancho, Dulcinea
die letzten Spinner
retten zwischen
den Zeilen
ein ewiges Leben
die Greifer und
Königsweihe aber
konservieren wir
Präparatoren unserer
selbst Knochen Federn
Reliquien eines Glaubens
an den Bestand
sinnvollen Unsinns
vor seinem Aussterben

ÜBER dem Steingarten
müht sich die Milchstraße
Halme schimmern
durch hellen Asphalt
wachsen Wörter
halten dich
zum Narren
sterben aus
atmet dieses Papier
ein Himmelskörper
weiß um uns
Sukkulenten überleben
bis zur Blüte
zwischen dir
und dieser Welt
fehlt nichts

ÜBER der Transsib
Glücksboten
auf dem Flug
ans andere Ende
jeder Welt
Pferdeschlitten
Eisbrecher
am Baikalsee
nah und unerreichbar
die Legende
Sperrzone beginnlos
ein Leben hier
Mythen Fabeln
wissen um ihren
letzten Wunsch
vielleicht setzen
luftige Wesen uns
endlich in Bewegung
entlang der
Amurbucht
Robben verwandt
den Raubtieren
aus dem Eismeer
Luchse Bären
in dem nahen
Wäldchen wir
unterwegs nach
Dystopia verlassen
jenes Paradies
one way lassen
die besten Begleiter
uns zurück

ADLER hoch
über dem Gebirge
blaue Wolken
ein Luftschiff
nimmt Abschied
darin fliegen
sommers wir
in die fünfte Jahreszeit
erstürzen
mit den Räubern
jäh Beute
ein Sturmhund
heult vom Gletscher
ins Gestöber
hellwach jagt
er den Traum
der Leben heißt
wirft unseren
Schatten

STELL dir vor
der Drau ansichtig
zwischen den Bergen
schmilzt das Versprechen
auf Ewigkeit
einen carinthischen Stein
wirfst du ins Wasser
Ringe weiten sich
ein letztes Mal
stell dir vor
die schöne Gefährdung
ich rufe deinen Namen
ins Tal stürzt
Geröll hat
das letzte Wort
stell dir vor

ABGETAUCHT unter
dem Meeresspiegel
leuchten Korallen
Fische Gewächse
Hinterlassenschaften
gedenken unser
in Farben
die es nicht gibt
blühen Chimären
auf dem Grund
verwundern Sonnenstrahlen
himmeln sich an

Unsichtbar schnurrt
der Neujahrskater
um die Beine
Salzgischt am Himmel
Blitze über der Schlei
lautstark wissen
die Gänse nicht
wohin ein toter
Pottwal liegt
auf der Seite
zwei Hunde tollen
außer sich
die Wasserlinie
entlang um die Wette
auf Zuneigung
wünschen wir uns
sieben Leben
prophezeit der Horizont
einen Sternensommer

Nahe Messina
gegenläufig die Gezeiten
ionisch das Meer
Tirreno Gerüchte
über Dämonen
am Meeresgrund Odysseus
längst fort
Skylla und Charybdis
ungeheuer die Schätze
unter Schaumkronen
birgt das Wasser
jede Bedrohung fern
die Liparischen Inseln
stoische Punkte
im Horizontdunst
Feuerquallen lauern
auf die Gäste blauweiß
die Boote leer
wir in der Sonne
suchen hier
unser Sternbild

3

DIE SCHÖNSTE
VERHEISSUNG

JEDER Traum
bleibt verlockend
ein Tollhaus
bewohnst du
lidlos Unbekannter
ein Labyrinth unser
Fest flieg auf
mit mir
in ein Erwachen
wo wir
nie waren

SIEH den Traumesträumer kommen
die Augen geschlossen hör
auf deine Lippen regnen
Wolken voller Wünsche nur

Sieh der Engel Flügel brennen
die Augen geschlossen hör
auf meine Lippen schneien
schwarze Sterne federleicht

Sieh den Traumesträumer kommen
die Augen geschlossen hör
auf keinen Lippen klingen
Dämonen uns den Weg hinaus

ÜBER den stillen
Augen wachsen
Risse an der Decke
erloschenes Licht
vollkommene Abwesenheit
diesseits des Fensters
schattenlos
fehlt es
an nichts
flackert klingt
gaukelt uns etwas vor
der anderen Seite
du an der meinen

WAS uns denn
blüht kaum
sichtbar am Himmel
die schönste Verheißung
ein Drachen
nimmt uns mit
in diesen Herbst
sein Grasgefieder
wärmt die äußerste
Außenhaut Blatt
für Blatt fällt
jeder Verlorene
ein Name ins Licht
verspricht zu bleiben
nach unserer Heimkehr

IM Abendlicht
die Unruhe ein Echo
wo wir auch waren
der Zedernwald zerschlagen
die Steinernen kein Löwe
in den Bergen
ist der Himmelsstier
fort geb ich
Enkidu nicht her
den Wassern hier
durchleben wir
seien uns genug
mein Gefährder
noch einmal drehen
wir die Sanduhr
Notwehr gegen
den schwindenden Zauber
staunst du
über meine Nacht
in weiter Ferne
gehen wir vorüber

PLÖTZLICH und
unerwartet
aus dem Nichts
geschieden schweren
Herzens nein
gedacht gelebt
ja im Affekt
verirrt besessen
ein long term
surviver vernarbt
der dunklen Träume
Erbe verunglückt
triffst du mich
Kobold im Schneckenhaus
genug Raum für
Versprechungen
unhaltbar narren
wir beide
jedes Ende
auf Anfang

Sieh nur der Mann
im Mond reicht uns
die Hand Eislicht
in den Augen
lese ich ihm
jeden Herzenswunsch
von den Lippen
ein Wort nur
und alles ist
anders alles ist
er hinter den
Schwingen der Kormorane
Wasserraben gefroren
die schwarzen Flügel
unterwegs zu ihrem
Grünland Inlandeis
darin gespeichert
Nachrichten von Kiefern
Erlen Faltern weiße
Bären machen uns
Platz doch jeder
ferne Bewohner wird
gleich ist es Tag
unsichtbar

AN diesem Morgen
die Augen geschlossen
jagt der Wind
fahles Licht
ums Haus wohin
nur will er
über die Ostsee
nach Island oder
Palermo vielleicht
schneebedeckt Stromboli
spuckt weiße Lava
im Schlaf fällt dir
ein Stein vom Herzen
ins Meer Findlinge
wir beide fühlen uns
blindlings sicher
in der Feuerschmiede
eine Glutwolke am Himmel
schwarzer Regen fällt
auf unsere
Abwesenheit
unbegreiflich dein
Atem hinter
den Lidern will
mir gut

IN Zeitlupe steigt
aus dem Meer
die Sonne
unhörbar laufen
Pfoten durch den Sand
du liegst auf der Seite
den Blick gen Horizont
gewahrt mein Gefährte
was ich nicht sehe
Gespinste entwachsen
einer Welt nur
für ihn im Vertrauen
führt er mich
in Traumjagdgründe
uns zu verlieren
im Spiel komm
blickt er mich an
und schon sind wir
hinter dem Feuerball
in unserem
Vivarium

AUF der Reise nach Jerusalem
die Stühle leer die Sterne
unsere Spielgefährten
werfen keine Schatten mehr
unter dieser Sonne
Kindsköpfe zwei
Rohlinge im letzten
Wettlauf mit der Zeit
das nachlassende Herz
gibt uns eure Namen

ALLEINGELASSEN
ein Zauber macht
uns den Hof
Morsezeichen schmerzen
unfassbar das Ungeheure
auf der Haut
saugt ein Löschblatt
einstweilen gespeichert
in Sicherheit
werden wir
verschwinden
mit seinem Code
rätselhaft solch ein
Geliebter

AUF dem Heimweg
flirrt die Luft
über dem See
Mücken tanzen
ihre geheimnisvolle
Choreografie Musik
aus einem Radio
am Ufer ein leerer
Kahn schläft
über uns das
wolkige Horoskop
seelenruhig verputzen
Käfer Jahresringe
wir Schatzsucher
davongekommen
werfen unsere Münze
ins Wasser wunschlos
willkommen verheißt
in der Ferne
ein Gewitter
wir sind da

PALERMO schwimmt
auf einer Insel
zwischen den Welten
ein Wind streift
durch tote Palmen
am Lungomare
Ansichtskarten Gelato
Jungen spielen Fußball
auf verbrannten Wiesen
machen Streuner
ihr Geschäft gegen Abend
die Stadt im grauen
Licht Wäscheleinen
Ruinen aus Beton
Kuppeln versprechen
allgegenwärtig etwas
Ewigkeit riecht nach
Arancini Unrat
Fischer bessern ihre
Netze aus Brachen
wachsen Schatten
Mosaiken Gärten
Dunst über dieser
lärmenden Ruhestätte
könnten wir
zwischen fliehenden Monden
uns vergessen

4

MANÖVER DER ANGST

Am hellichten Tag
mein Freund
träumt sich
der Tod zu mir
warum frag ich
sprichst du
meine Sprache
wir suchen
mein Freund
dieselbe Wohnung
weiß er
eine Wahl hast du
nicht überlasse
ich dir die Manöver
der Angst glücken
auch wenn du
mein Freund
von innen abschließt
wunschlos wartet er
unter derselben Sonne
atmen wir
Luft aus Licht

Heute Nacht nicht
dunkel ist es
neonhell hängt
mein Traum
an Schläuchen
ein Fakir sucht
nach geheimen
Botschaften
in deinen Wunden
sorgt sich
die Furcht
vor dem Glück

WIND fegt die Erde
gefroren das Kind
auf seinem Schlitten
fliegt über
vereiste Wolken
weiße Tannen nicken
einem Schneemann zu
spät die Tränen
Kopf und Arme
zuerst in der Sonne
hält niemand
ihm die Hand

Das Fenster ist zu
mein Zimmer leer
nachts wachsen Flügel
im Niemandsland
Niemalsbaum, Niemalsvogel
willst du für mich
sein, Darling
ich fliege und fliege
nehme die Träumer
mit aus ihrem Schatten
und weiß schon
wohin nicht

Das Fenster ist zu
mein Zimmer leer
wer liegt da
in Peter Pans Bett
leb wohl
nie will ich
so werden
in keinem Schlaf
wundern sich
die Kinder
verleihen den Sternen
nimm mich mit
ihr Gesicht

UFERLOS dieser Fluss
aus nassem Nebel
der Tag treibt gen
Dunkelheit Spuren
stürzen ins Leere
ehemals wir
Nichtschwimmer
finden Gefallen
am ewigen
Eis göttlich
genügten wir
einem nicht
zu haltendem
Versprechen

Gehöfte im Tiefschlaf
die Stallungen still
fern Geräusche
Scheinwerfer verraten
Autos vereinzelt
Stimmen Laute
der Wind redet
mir gut zu
früh verloren
gegangen will ich
leben genügte dir
mein müdes Herz

IN dieser Dürre
Äpfel faulen
auf der Wiese
Schmetterlinge irren
mit den Sonnenstrahlen
durch dichtes Fichtengrün
als sei alles
wie immer
feiert die Amsel
einen fetten Wurm
im Schnabel
beäugt uns
geduckt in
unseren Schatten
folgen die Wolken
dem Himmel
still warten wir
auf Beute
erlegen der Tiere
Traum

AUF den Feldern
dicht an dicht
grast das Vieh
Atem steigt aus
den Wiesen Lichter
flackern durchs Geäst
am frühen Morgen
Reisende auf dem Weg
nach Hause
vielleicht vergilben
alte Briefe
auf dem Tisch
vor dem Fenster
beschwören etwas
Vertrautes Furcht auch
Rauchzeichen am Himmel
ein Schwarm Flügel
wünscht uns
fort

Richtung Küste
warten Windräder
Kühe kommen nicht
vom Fleck
unbeirrbar grünen
Plastikgebilde
hinter Maisfeldern
endlos Getreide
ehemals Raps
auf Streuobstwiesen
wittert ein Reh
unsere Angst
hinter der
Windschutzscheibe
lenken wir
das Gefährt
zu den Gezeiten
hoffen auf einen
klaren Kopf
im Rückspiegel
Staub die Fenster
geöffnet Salzluft
Schreie jetzt
das Meer in Sicht
sicher nehmen
die Wellen uns
mit an kein
Ziel

DURCH diesen Nebel
zu mir zurück
über Wiesen
und Felder
entlang der Pappeln
Birken Weiden
beäugt vom Traktorenvieh
schleppen Kähne
schweren Atems
rheinaufwärts
Schatten meiner
Kindheit Murmeln
fallen aus
den Taschen
Himmel und Erde
schmecke ich
und schon
sind sie wieder
da die Engel
wissen wohin
in der Geliebten
Welt

MIT leeren Händen
Nacht für Nacht
ein Troll geht um
auf den Fersen mir
stiehlt er die Schuhe
barfuß irre ich
durch das Dunkel
blickt er zufluchtslos
in mein Gesicht
wohin können wir
nicht gehen
bleiben nicht
im Gepäck
ein Wunsch
hält uns fest
im Mondlicht
legen wir uns
in Vogelfedern
was immer
auch kommt

5

FLUSSAUFWÄRTS ZURÜCK

MITTEN im Schlachthof
dein alter Hut, ja
der Nebel weht ihn
durch sattes Gras
vergessen wir
der Fleischer
Büffel zerbeilt
Grillen erfroren
ihr Gesang
gestutzt jede Schwinge
die Wurzeln begraben
doch jene Gischt
wieder und wieder
kehrt uns um
Tölpel allesamt
angelandet zerschellt
schweigt jeder
Henker möchte
Hamlet spielen
wir Narrenschädel
leben wohl
des Dichters Theater
weiß wohin
mit uns unter
seiner Kopfbedeckung
verschwinden die Sterne

(Carl Sandburg)

ICH weiß nicht
warum in dieser
Nacht leise
der Schnee
uns vergisst
weiß die Fenster
geschlossen deine
Blätter fallen
mir in den Mund
weiß dich
ganz nahe
keinen Boden
unter den Füßen
weißt du
fällst spurlos
aus den Bergen
in keine
andere Welt
weiß verschollen
dein Alphabet

(Christine Lavant)

An deinen Bäumen
wachsen Blätter aus Papier
keine Drachen
fliegen zum Himmel
fallen die Liebsten
schlafen nicht
unvernünftig
Zeile um Zeile
kann dieser Wind
hinweg über
Erosionen
aus Widerspruch
stattgegeben sogleich
lebenslänglich
urteilen die Steine

Heillos vernarrt
in kein Leben
lacht ein Indianer
die Spuren gelegt
lauern ungeschriebene
Gedichte seien
die besten
Falter verbrennen
nie in deinem
Licht

Drinnen entpuppt
sich die Welt
im Spiegel gefangen
pures Glück nur
die Kehrseite wächst
vor deinen Augen
streicht die Katze
durchs Gebüsch
weiß um den
Ausweg

(Günter Kunert)

Was bleibt
flussaufwärts zurück
mit nackten Füßen
gräbt ein
Archäologe
den Traum
aus alten Wegen
was bleibt
immer weiter zurück
kehr um
im Schrei jedes
Endes findest du
deine Währung
furchtsam die
ersehnte Welt
was bleibt
auf dem Grund
endgelagert
die Flaschenpost
versandet
ohne Ziel
bleiben wir
uns fern

(Pier Paolo Pasolini)

VOM Silvesterhimmel
siehst du
Kopf und Beine
feuergefährlich
das Mädchen
im Nachthemd
die Augen zu Boden
kein Krüppel das Herz
irrt es unter
Düsseldorfs Dächer
fliegen Böller
ein kleiner Vogel
in deiner Hand
schläft ganz warm
was kümmert ihn
die Welt brennt
wird Wind
trägt dich
das Federwesen
nach Übersee
an die Saale
oder Spree
nach Palermo, Agadir
hinter die Chinesische
Mauer, nein, hier
am Rhein
das neue Jahr
rebellisch

Abschied träumt
euch beide
nach Hause
ans Kap
der Finsternis

(Christa Reinig)

Zwischen Stein und Stern
kehrt das Schlimmste
sich in Gelächter
ein blinder Passagier
fort auf Schollen
aus Licht alles
ist jetzt offen
dieser Moräne
entrinnt niemand
ein Klabautermann
träumt jenen Gast
in seinen Zauber
verpuppt durchjagen
die beiden Findlinge
ein Geheimnis taumelt
zum Meeresgrund
nichts bliebe
denn abgrundbloß
Wolken und
Wellen

(Hans Henny Jahnn)

AN diesem Morgen
eine Partitur
aus Fährten
führt immer
weiter mündet
nie schnell
wie die Schildkröte
im Wettlauf
mit Achilles
läuft dein Fabeltier
schwerelos selig
ins Unnötige
schiebt die Erde
vor sich her
kein Wunder
überwintert unterwegs
nach Utopia
von schönsten
Gefahren bewegt
ersehnst du
ohne Absicht
was ist

(*Hans Jürgen von der Wense*)

AUF verlorenem Posten
gibt die Exilantin
verteufelt
nicht nach all
den Augenlosen
sei dieses Leben
eine einzige Blamage
Buster Keaton gleich
trägst du
der Engel Flügel
bewegt von stummer
Schrecknis wartet
keine Clownerie
komisch im Fegefeuer
von Ingolstadt
auf Begnadigung
allerlanden fliegen
Tiefseefische
auf brennenden Flügeln
ins sehr weit
her

(Marieluise Fleißer)

MITTEN im Sommer
im Gleichmaß
der Wellen
nimmt Chronos
die Maske dir
ein Hampelmann
will mit
auf Expedition
über jeden Ozean
schlängeln wir
gehäutet von Wort
zu Wort aus Fleisch
und Tintenblut
Seiltänzer
bodenlos besessen
die irre See
von ihrem
Spiegelbild nichts
erwartet in Untiefen
uns schon
das Testament
des Eises

(Witold Gombrowicz)

Aus dem Dunkel
getastet einst
zurecht geschossen
lachst du
eine andere Währung
her Rhizome wurzeln
ansichtig allen
Verschwindens
auf ewig

Im Sonnengold
verloren zeigst du
jedem Hirten
deine Wunde
bis zur Asche
verbrannt dennoch
am Haupthebel
vor lauter Glück

Den Dachschaden
schütze dein Hut
einer Krone gleich
aus Steinen und Eichen
am Altrhein
ein Kind in aller
Ruhe seine Worte
verschlungen
auf dem Weg
ins Labyrinth

Sieh nur
Aktaions Hunde
nehmen Witterung auf
ihren Herrn verhirscht
zerfleischt sein
Bestiarium
ganz ruhig
rettest du
verwandelt
jedes Wunder
glaubt allein
dir

(Joseph Beuys)

AUF der Suche
nach einer Sonne
die Hände in der
Erde wächst
der Himmel in Scherben
blühen Namen
verwaiste Erben
ohne Erben
ziehen Wolken
voller Wünsche
über den Garten
dunklen Wind
atmen deine
Augen Garanten
unserer letzten
Verheißung
dieses Paradies

(Derek Jarman)

UNTER weißem Himmel
macht der Winter
dein Haar nur
für dich ungefeit
in diesen Bergen
aus Luft ein Stern
wer mag das sein
versunken im Spiegel
wirst du ansichtig
des Nichts Widerhall
vereist der Nymphen
Mund bis zum
Tod erlöst
im Geröll
ein Wort hält
dir die Hand

(Echo)

Nachwort

Das Wort an sich

In der Lyrik von Christoph Klimke ist es vor allem das Wort selbst, das zählt. In ihr herrscht eine seltene, scharfe Sicht auf die Worte, auf ihre Einzigartigkeit, ihre Kraft und ihren Klang, die mich wie ein Magnet anzieht. Ich stelle mir ein Schlagwerk-Konzert vor, das aus Wörtern besteht – in dem keine falsche Note vorkommt und immer eine emotionale Intensität vorherrscht, sowohl bei den leichten und sanften als auch bei den schweren und harten Tönen.

Wenn die vorhandenen Wörter nicht ausreichen, erfindet Christoph Klimke neue (gesegnet die Sprache, in der man neue Wörter erschaffen kann, als hätte es sie schon immer gegeben): »Gezeitenspiel«, »Haupthebel«, »Niemalsbaum«. Andere Begriffe, herrliche, die nicht mehr im alltäglichen Gebrauch sind, verwendet er in überraschender Umgebung: »Bengel«, »Witterung«, »Widerhall«. Und er platziert sie immer genau an der richtigen Stelle (das wohl schwierigste Unterfangen beim Dichten) – wie der letzte entscheidende Schlag bei einer Percussion wird so erst ein Text zum Gedicht.

Christoph Klimke ist aber nicht nur ein Wort-Zauberer, er ist auch ein Meister des Rhythmus. Ohne Rhythmus kein Gedicht. Ganz gleich, ob es traditionell ist, mit einer ganz eigenen Melodie »flattert« oder auch »afrikanisch« klingt – Rhythmus muss sein. Wir hören ihn mit unserem inneren Ohr, wenn wir lesen, er wird zu unserem eigenen persönlichen »Summen«. Und wer einmal das besondere Privileg genießt, diesen Autor seine Gedichte vorlesen zu hören, ist überrascht, wie sehr Christoph Klimkes Vortragsstil mit diesem persönlichen »Summen« übereinstimmt, wie der Rhythmus dem Sinn entspricht und ihn erhellt. Ganz ohne jede Anstrengung und immer natürlich.

Christoph Klimkes Gedichte behandeln die gesamte Bandbreite der Emotionen und decken die »großen« Themen ab. Ein starker und funkelnder Faden, der viele durchzieht, stammt aus der Welt der Märchen, wo unwahrscheinliche Wesen (wie der »Sturmhund« und andere Fabeltiere) auftauchen und eine Atmosphäre aus der Kindheit entstehen lassen. Ich bin mir sicher, dass das offene Verhältnis des Dichter-Geistes mit der Kindheit einer der Schlüsselfaktoren ist, die den Gedichten ihr klares und klangvolles Leben verleihen. Das Wort »Rinnsal« kommt mir in den Sinn – eines dieser alten wunderbaren Worte, mit denen Christoph Klimke in seiner »Partitur« den Ton angibt.

Senlis bei Paris, im Juli 2024

Steinunn Sigurðardóttir